사랑혜

사랑혜

초판 1쇄 인쇄 2025년 08월 08일
초판 1쇄 발행 2025년 08월 28일

신고번호 제313-2010-376호
등록번호 105-91-58839

지은이 향기농부

발행처 보민출판사
발행인 김국환
기획 김선희
편집 현경보
디자인 김민정

ISBN 979-11-6957-375-7   03810

주소 경기도 파주시 해올로 11, 우미린더퍼스트@ 상가 2동 109호
전화 070-8615-7449
사이트 www.bominbook.com

• 가격은 뒤표지에 있으며, 파본은 구입하신 서점에서 교환해드립니다.
• 이 책은 저작권법에 의하여 보호를 받는 저작물이므로 무단 전재와 복사를 금합니다.

사랑혜

향기농부 시집

풋풋한 풋내나는 풋 웃을 수 있는
풋글들의 모음

추천사

　이 시집의 제목이자 주제인 '사랑혜'는 말의 조형을 넘어, 사랑의 본질을 다시 묻고, 그 본질에 다가가려는 시인의 헤윰(생각)과 다솜(사랑)의 여정 그 자체이다. '사랑해'는 감정의 즉흥이라면, '사랑혜'는 감정이 뿌리내려 사유가 된 이름이다. 그리움의 아지랑이에서 태어난 '사랑혜'는 사랑을 기다리는 자의 간절함, 그 기다림 끝에서 피어난 말 한 송이이다.

　향기농부라는 예명의 시인은 세상의 비정한 단면들 앞에서 조용히 고개를 돌리지 않고, 오히려 그 속을 들여다보고 안으로 걸어 들어간다. 그의 시선은 정직하다. 그러나 냉소하거나 비판에만 머물지 않는다. 『혹자』와 『어이 없다』,『뻥』 같은 시들에서는 현대 사회의 부조리함과 허위의식, 그리고 무감각한 위선들을 풍자적으로 그려낸다. '슬픈 눈을 가진 자가 멍한 눈을 가진 자를 위로한다'는 한 구절은, 거짓된 위로와 엇갈린 감정의 풍경을 마치 연극처럼 보여주며, 우리 시대의 아이러니를 곱씹게 만든다.

하지만 이 시집의 핵심은 풍자가 아니라 '인간'에 있다. 『우산』,『아버지』,『며느리밑씻개』 같은 시편들은 다정하고도 아픈 시선으로 관계의 온도를 잰다. 한 우산 아래에서 아들의 걸음에 맞춰 어깨가 젖는 아버지, 무뚝뚝한 부부의 거리를 실감케 하는 아내의 젖은 어깨, 짚신으로 겨울을 견디며 안채 눈치를 보아야 했던 며느리의 울음… 시인은 누구보다 가깝고도 낯선 존재들 사이의 정서를 세심히 길어 올린다.

『풀』,『베짱이』,『깡다구』,『억새』 등의 시에선 존재 자체에 대한 연민과 찬사가 번갈아 흐른다. 사회적 위계나 이름, 직업, 성공 같은 외형적 조건과 무관하게 시인은 작은 생명들, 보통의 사람들, 잊힌 감정들의 가치를 끊임없이 회복시키려 한다. '풀은 다르게 흔들리며 서 있다'는 시구처럼, 삶은 누가 더 많이 흔들렸는가가 아니라 어떻게 견디며 서 있었는가로 빛난다는 믿음이 시의 밑바탕에 흐른다.

『기차』나 『그리움은 참는 것』, 『돌아보세요』, 『봄비』처럼 시간의 흐름과 감정의 소용돌이를 섬세하게 다루는 작품들 또한 많다. 시인은 그리움을 참는 법을 배우고, 잃어버린 사람을 찾아 편지를 쓰며, 계절의 변화를 통해 상처받은 인간의 내면을 다독인다. 『별똥별』에서는 '참아내지 못한 별 한 잎, 밤하늘 새하얀 기다림을 도려내며 바다에 고인 눈물로 떠나갑니다'라는 시구가 등장하는데, 이것은 사랑을 버티는 슬픔이 어떻게 시가 되는지를 말해주는 상징적 구절이다.

무엇보다도 이 시집이 특별한 이유는, 사랑이 결코 말뿐인 선언이 아니라, 상처받고, 기다리고, 잊지 않으며, 때로는 용서하고 참는 일상의 감정이라는 점을 시인이 꾸준히 상기시키기 때문이다. 그러므로 이 시집은 사랑을 단순히 감정의 고백으로만 알고 있던 독자에게, '사랑혜'라는 새로운 시각과 감정의 지층을 선사한다.

『사랑혜』는 그 자체로 하나의 긴 고백이자, 오래 묵은 간절함이다. 이 책을 읽는다는 것은 어쩌면 누군가의 우산 속에 함께 들어서는 일이며, 스스로도 '깡다구'를 품고 다시 걷는 길을 시작하는 일일 것이다. 지금 사랑이 아프고 삶이 무뎌진 사람에게, 혹은 그 반대로 사랑이란 말에 다시 귀 기울이고 싶은 이들에게, '사랑해'보다 더 깊은 온도의 말, '사랑혜'를 건넨다.

2025년 7월

편집위원 **김선희**

Prologue

톡 톡 톡 빗방울

하얀 물꽃으로 피어나

애틋함을 실어 나른다

겨울비 여름비 봄비 가을비 그 겨울비

빗소리에 우계의 계절은 섞여 버리고

깨문 사랑니 덧나게 해

넘쳐난 시냇물에

물빛클로버를 띄운다

* '사랑해'의 어원 - 기억 저편 아지랑이

목차

추천사   4
Prologue   8

제1부. 사람들

혹자	14
태양	15
꼰대	16
어이 없다	17
낙화	18
아버지	19
우산 (1)	20
대포집	21
장마	22
며느리밑씻개	23
잇속	24
풀	25
새	26
화분	27
소풍	28
사자자리	30

된장	31
오래전	32
악어	33
그저껜 아팠는가	34
자정 무렵	35
바람	36
자장면	38
종각역에서	39
거짓말 (1)	40
뽕나무	41
베짱이	42
마늘	43
무인도	44
숨바꼭질	45
삥	46
그까짓 거	48
불량식품	50
소망	51

제2부. 뜰

꽃말	54
풍경	55
버드나무	56
너구리	57
홀로서기	58

억새	59
기침	60
천둥소리	61
구절초	62
낙엽 (1)	63
할미꽃	64
잠결	65
산수유	66
입춘	67
심술	68
진달래	69
거짓말 (2)	70
11월	71
나무늘보	72
첫눈	74
플라타너스	75
붓	76
낙엽 (2)	77

제3부. 다솜과 혜윰

우산 (2)	80
아쉬움	82
그리움은 참는 것	83
걸음마	84
꿈길	85

멀미	86
기차	87
환절기	88
돌아보세요	89
낮달	90
별똥별	91
봄비	92
비사람	93
들꽃	94
헤어짐	95
외기러기	96
편지	97
시리다	98
초콜릿	99
겨울비	100
원추리	101
나흘간	102
부용천	104
미안해	105
안녕	106
깡다구	107
Epilogue	108

제1부
사람들

도시인들 땅속 지하철로 발 디딜 틈 없이 사라지고
넋 놓고 바라보았던 감성적인 비도 삭신을 울릴 뿐이다

혹자

공자는
용기 있는 자는 두려워하지 않는다
용자불구라고 하였고
벤저민 프랭클린은
시간은 우리 인생이라는 자본의
가장 귀한 화폐이다
time is money라고 하였고
혹자는 차량의 백미러끼리만 부딪쳐도
뒷목 부여잡고 병원에 가 누워라 하였고
어떤 현자는
나랏돈은 먼저 빼먹는 게 임자라 하였고
노무현 벗은
가난하다고 꿈조차 가난할 필요는 없습니다
강물은 결코 바다로 가는 것을 포기하지 않는다
라고 하셨습니다

태양

밤도 먹구름에 갇혔다
좌절의 그림자도 먹구름에 갇혔다
늦은 밤
도심 한 곳 틈바구니에 서 있다
네온사인은 도심의 모든 어둠을 유혹하고
차들은 물장구를 치며 간격 없이 달려간다
머리 위로 먹구름이 가득한데
우산 없이 걷는 염려보다는
묵은 좌절이 씻겨 내려가
태양을 기다리는 바람만 솟는다

꼰대

떠난 꽃이 아름다운 게 동백이고
낙화가 슬픈 꽃을 목련이라 하고
봄비처럼 흩날리다 소나기처럼
퍼붓는 꽃은 벚꽃이라고
전엔 느끼지 못했던 걸 말해주었다
당나라 이백과 달그림자 아래서
차 한잔하고 싶은 꽃이 진달래라 하고
한없이 기다려지는 꽃이 산수유고
삶을 반성시키는 꽃이 목련이라고
전에는 몰랐는데
어느 날 문득 알게 된 것을 말해줬더니 꼰대라 한다

어이 없다

슬픈 눈을 가진 자가
멍한 눈을 가진 자를 위로한다
천억을 받는 야구 선수가
연속 세 게임 안타를 못 쳤다고 걱정한다
연애인 A양이
어떤 놈의 농간에 사기를 당했다고 걱정한다
어느 늦은 밤
야구 선수의 타율을 걱정하던 자가
연예인을 걱정하던 자에게 찾아와
카드값 좀 메꾸게 오백만 원만 빌려달라고 한다
멍한 눈을 가진 자에게
빌려줄 돈이 없다고
슬픈 눈을 가진 자가 위로를 건넨다

낙화

벚꽃이 활짝 핀 날 다시 필 벚꽃을 사모했다
멧골 산벚꽃은 아직 남아 있고
부용천 꽃잎 바다에 다다른 날
끊어진 손마디로 내쉰 담배 연기 있었다
떨어진 꽃잎 다시 붙여 놓고 싶은 간절한 소원에도
같이 따라나서지 못한 발걸음 원망스러웠다
편한 숨으로 하늘에 맡겨진 길
폭음의 술 한 잔도 잠들지 못했다
구름으로 풀어진 모습 울음으로 쏟아붓고
길 찾아온 낙화 제 한 몸 가누지 못한 채
숨 쉬는 자의 아픔을 남겨두고 개울물 따라 흐른다

아버지

내가 나보다 작았을 땐

아버진 호랭이보다 무서웠고

앞산도 옮길 만한 힘이 넘쳤었지

내가 나만 했을 때

아버진 넘치게 다 주시더니

흰머리에 주름살만 더욱더 깊어졌어

내가 아버지만 해지면

하나님한테 사랑받던 모세처럼

하늘길로 소풍 가겠지

우산 (1)

한 우산 속 두 사람의 모습은 곱디고아라
한 우산 속 걸음의 두 사람
아들의 종달새 걸음에
내어준 아버지의 왼쪽 어깨가 몹시 젖는다

한 우산 속 느릿하게 걷는 두 사람
아버지 걸음에 맞춰
언제부턴가 아들의 한쪽 어깨가 더 젖어간다

한 우산 속
다감한 걸음의 두 연인
달보드레한 이목구비는 속삭이듯 아름다워라

한 우산 속
무뚝뚝하게 걷고 있는 두 사람
아내의 어깨가 많이 젖어간다
떼쓰던 옛사랑을 까맣게 잊었나 보다

대포집

가득한 막걸리에 비추이는 미소는 따스함의 선물
살짝 내민 손길엔
세상의 향기가 넘쳐나는 정감으로
주절거리는 삶의 이야기엔
시간을 넘나드는 나들이객들의 한 잔의 유쾌함
깜정 고무신을 신었던 여름방학
하얀 나비를 따라 새참 길을 나설 때면
한 모금 먹어볼까 말까 했던 설렘

대포집에 대포는 없어도
논두렁 그늘진 나무 밑에서
흰 런닝구 바람에 활짝 반겨주시던
외삼촌의 넓은 품이 간직되어 있다

장마

비가 내린다

누군가 남기고 간 씨앗이 낭만으로 자란다

한때는 소중했던 적당한 무엇의 꽃이었다

세상의 많은 것들이 변화를 주듯

넘치는 비로 내린다

과거의 그 무엇이 과해 잃어버렸듯이

장마로 변한 비가 많은 것을 유실시킨다

갈대의 우짖는 소리가 커지고

수양버들이 격하게 휘몰아치고

선 넘어버린 좋은 것들 다 홍수로 사라진다

과거의 참고 있던 울음이

마음으로 변해 울컥이고 있다

과거의 상황에 늘 한 뼘의 빗장을 열어두었다면,

장마 뒤에 잃어버린 해를 기다린다

며느리밑씻개

곱디고운 마음
말 매질에 멍 자국이 되어
가슴을 쓸어보아도
안채에서 에헴 소리에 눈물 한 울 한 울씩 엮어
주름살로 새겨진 며느리 울음소리가 섭하네
한겨울에도 짚신 발자국
보릿고개의 가난 꽃 온 땅을 덮어
한숨 쉬는 남정네는 안절부절
이러지도 저러지도
궐련초만 처마 끝에서 뿜어낸다

슬펐던 꽃말 나도 며느리였고
에미도 귀하게 컸을 텐데
미움 돋친 며느리밑씻개
며느리 웃음꽃으로 품어주시길

잇속

꽃잎이 누그러져도
다툼 없이 다른 꽃은 피어 있고
마음이 누그러지면 인연도 우연으로
다시 돌아오는데
분함으로 남아 있던 곳엔
잇속 가득 차게 서성이던 옛 그림자들
세월 앞 돋아난 선한 이해심
안쓰러움으로 채워간다

풀
- 김수영 시집을 읽고

저 꽃 이름으로 불리던 새싹 풀
시든 날부터 한낱 무명한 풀이 서 있다
풀은 같이 흔들려도 다르게 피고
다르게 서 있어도 다르게 지고
같은 이슬에 눈물짓고
같은 폭풍우에 곧게 선 울음 진 그대더라
풀이 흔들려도 서 있다
강한 힘이 미쳐도 어깨춤을 추며
함께 있기에 풀은 조롱하며 서 있다
미장이 미장으로 서 있고 벽돌이 벽돌로 서 있고
청소가 청소로 서 있고 새벽이 자정으로 서 있고
장마가 8월의 불태움으로 서 있고
한 울음씩 모여 큰 소리로 서 있다
풀이 다르게 흔들리며 서 있다
광풍이 밟고 간 서러움의 서글픔,
내치고 간 자리엔 잡초로 선 그대더라

새

한숨이 늘어
배롱나무에 꽃이 피는 걸 보지 못했습니다
서러움이 늘어 지는 꽃만 유심히 보았습니다
전깃줄에 모여 있지 못한 새는 정처 없이
떠나가는 줄만 알았습니다
마침표와 쉼표를 구별하지 못하고
마구잡이로 사용했습니다
마침표는 또 다른 시작이라고 하니
남은 희망에는
마침표에 쉼 없이 날던 꼬리를 달아
쉼표처럼 살아야겠습니다

화분

암흑 속의 꽃은 서러워라

웃음 짓던 모습 보여주지 못해 서러워라

암흑 속에 갇힌 이름 있던 꽃

햇살 좋은 뜰 기억하는 꽃은 서러워라

암흑 속에서 말라 죽어가 서러워라

암흑 속 화분 안에

제자리걸음으로 산 꽃은 서러워라

소풍

잠결 빗소리에 깨어
선 어둠의 방 안을 둘러본다
비가 오네
기억 넘어
어두운 방으로 나들잇길을 떠나본다
하늘을 바라보는 간절한 눈빛
애가 타들어 가는 "제발 제발"
사이다를 꽉 잡은 손은 빗물에 젖고
살짝 비추이는 눈물자국
엄마 오늘 소풍 못 간데… 씨
교정 운동장에 넘쳐나는 빗물은 도랑을 따라
자현암 냇물로 흘러
검정 다리 아래보다 깊은 곳으로
기가 막힌 항해를 시작했었지

새벽 비를 매섭게 쏟아내는 상쾌함

나이 깊어진 서천 바닷길 소풍

가재를 같이 잡던 웃음의 동무들은

친구를 안주 삼는 큰 소리의 술 이야기

이제는 마음의 한 편의 노래가 되어

하하하 하하하 하하하 하하하하하하하하하하

사자자리

너의 이름은 떨고 있는 작은 들고양이 레오
너의 언어는 야옹
너의 눈은 하늘을 간직한 별 눈
너의 손은 따스한 솜털

나의 꿈은 갈대숲을 지배하는 호젓한 발걸음
며칠씩 굶주려도 견딜 줄 알지
혼자 있는 밤이 두렵지만 극복하고 있어
누가 도와주지 않는다고 징징대지 않아
태양이 땅을 태워도 그늘을 찾을 줄 알지
동정하지 마라 난 우는 게 아냐
억세게 다짐하는 거야
부용천 숲을 지배할 희망찬 목소리를 들어보렴,
야옹

된장

도봉산 안골마을에

멧돼지 출몰이란 표지판이 있다

설마 하며 오르던 길에 이런 된장 외통으로 마주쳤다

내려오던 멧돼지는 놀라 오른쪽 비탈로 도망치고

더 놀란 난 왼쪽으로 도망쳤다

굴참나무 위 산새들 더 높이 지저귀고

흔들리던 애기똥풀도 깜놀 멈춰버렸다

등산로 초입 호떡집이 있다

하체가 좍 붙는 쫄바지 레깅스를 입고

여인네가 줄을 서 있다 한 번은 우연히 봤고

자극적인 Y쫄바지에 눈길이 가

딱 한 번만 더 쳐다보다 들킨 것 같다

호떡 먹던 여인네 날 빤히 보는데 어금니가 보인다

우연히 마주친 멧돼지 어금니와

여인네의 어금니 누가 더 무서울까

둘 다 살벌하다

오래전

한숨을 거둬들이고
처음 본 그 반가움으로 기다립니다
하이얀 치자꽃 향기 황혼으로 꺾기는 날
열매 맺는 기대감으로 기다립니다
한낱 들녘의 잡초
개망초로 꽃 피우는 반가움으로 기다립니다
석탄 가루 뒤집어쓴 악행들 죄를 말리는
회한으로 기다립니다
별 꺼진 밤 맞서지 못한 비바람 뒤에서
별 안에 심어 둔 동심의 다짐을
찾기 위해 기다립니다
따스한 볕을 기다려 온 성냥팔이 소년의
간절함으로 기다립니다

악어

빗물이 냇물이 될 때까지
신뢰가 있었습니까
냇물이 강물이 될 때까지
반역은 없었습니까
강물이 바닷물이 될 때까지
약속을 지켰습니까
빗물이 바닷물이 될 때까지
오해로 인해 새었던 물이
밀물로 채워졌다면 참 관계입니다
눈물과 눈물은 다릅니다
하나의 눈물은 악어의 거짓입니다
악어새 찡그리며 날아갑니다

그저껜 아팠는가

오늘은
어제의 다짐을 바위 위에서
단단히 내딛는 날
내일은 오늘의 소망
어젠 마침표의 시작
그젠 절규와 고통으로 가득 차 있던 날
삶이여!
그대는 용감하지 않았는가?
그까짓
절망과 무질서 나락의 날들에서
지푸라기라도 잡아 새끼줄을 꼬자
다짐의 날들을 엮어
내일을 소망으로 가득 채우자

자정 무렵

비는 내리고 퇴근길 전화를 했다 나와라
잠이 덜 깼는지 한두 잔에 연신 하품을 해댄다
오고 간 대화는 형식적으로 끄덕거린다
그냥 그게 욕심 없는 그게 다였다
바다 끝에 닿아 있는 때 묻은 일상들
누가 심했고 그땐 어땠고
사람 사이 인간관계는 물같이 흐른다
고인 물로 단절되었다가
터진 제방을 따라 처음마냥 바다로 찾아간다
잔이 비면 거품에 눌린 억지 미소만 남았다
침묵 틈으로 봄비가 몇 가닥씩 보인다
재촉하는 눈꺼풀에 그만 가자
봄비 틈으로 친구를 보내고
우산 없이 남겨진 길을 걷는다
인간 사이에 어둠을 울린 봄비가 새 풀을 돋게 한다

바람

별을 지나 별을 지나 별들을 지나
계절이 우주의 태엽을 감아 놓았다
불편해 보이는 바바리 깃을 세우고
벌써 여심은 롱부츠를 꺼내놓고
들었다 놓았다 한다

나무가 허공으로 서
가지가 태양의 길을 쫓아가고
가을에 놀라 하선은 더운 땅으로 사라지고
바람 이는 소리에 은행의 향이 번진다

빈 목으로 서 있던 겨울을 지나
여름 나절 봄으로 맺고 준비터니
다시 빈 목의 겨울로 가버린다

나뭇잎이 낙엽으로

나뭇잎이 단풍으로

바람이 가을 속으로

또 다른 새잎을 위해 빈 목의 자리로

화려함으로 치장하더라도

냄새나는 곳 안 갖고 있는 자 있으랴

약한 부분을 외면치 말고

부드럽게 다독여 새잎을 기대한다

자장면

거짓말에 익숙해진 까만 내 마음
하얀 면과 어울려 순해지게 하소서
끓는 물에 입수하는 면처럼
사나운 세상 깡다구 있게 살게 하시며
면발처럼 부드러움 간직하게 하소서
하얀 마음 까만 짜장 구수한 맛처럼
누구에게나 어우러지는 화목한 인간 되게 하소서
어린 시절 새하얗던 동심
새까만 욕심으로 가득 찬 암흑의 시간 반성하게 하소서
좌절로 종지같이 작아진 꿈
데워진 짜장의 온기처럼 다시 피어나게 하소서
소소하게 멀어진 인간관계 짜장면의 여운처럼
소식이 닿고 허기진 마음처럼 연락하게 하소서

이것저것 다 필요 없고
건강하고 끈질기게 오래 살게 하소서

종각역에서

부산 사나이를 종로2가에서 만나
술 한 잔 취기 있는 모습으로 종각에서 1호선을 탔다
미모의 40대 여인네가 자꾸 서 있는
내 쪽으로 기운다
아 띠발 나 끈적끈적한 거 싫어하는데
그래도 그냥 참을 만했다 굳이 째려보지는 않았다
청량리역에서 앉았고
그녀 회기역에서 옆자리에 앉았다
꾸벅꾸벅 어깨를 기댄다
나 기대는 거 정말 싫어하지만
가끔은 참는 것도 나쁘지만은 않다
도봉역에서 안 기댄 척 침을 살며시 닦고
실눈을 사알짝 뜨더니 출입문이 열리자
냅다 내뺀다
난 정말 말 한번 붙이고 싶다
저 혹시 내가 너무 맘에 드십니까

거짓말 (1)

장미는 장미만 이쁘다 하고
망초는 개망초보다 이쁘다 하고
산목련은 뜰목련보다 이쁘다 하고
저들은 다 자기만 이쁘다 하지만
꿀 찾는 벌들은
애기똥풀은 풀꽃이라 이쁘고
벚꽃은 나무꽃이라 이쁘고
배롱나무는 백일 피어서 이쁘다 한다
예를 들자면
정치인들은 자기들의 주장만 옳다고 하고
그들을 손가락질한 타인도
자기의 욕심 앞엔 거짓말이 되어
자신만 옳다고 하니
거짓말 안엔 뺏길 수 없는 행복이 있기 때문이 아닐까
행복 넌 거짓말보다 좋은 편인가

뽕나무

토끼풀처럼 옹기종기 모여
안식과 위로를 줄 수 없는 관계라면
아카시아처럼 진한 향의 우정이 가시만 남았다면
그립다 그립다 지겨워진 사랑이라면
막걸리 메고
2차 3차가 먼저였던 산행이라면
뽕나무꽃 피는 6월엔 이별을 하세요
콩깍지에 화가 나고
웬수가 된 우정이고
거머리에 빨린 돈다발이면
니미뽕이라고 말하세요
미련은 상처를 키울 수 있으니
이미 늦었다고 말하지 마세요
얕은 곳에서 멀리 보는 하늘색 달개비가
눈을 뜨기 전 이별하세요

베짱이

새벽 비안개 숲을 숨기고 하늘까지 가뒀는데
한 마리 새 한기를 푸득이며
일상의 비상처럼 개울 넘어 안개 끝으로 사라진다

도시인들 땅속 지하철로 발 디딜 틈 없이 사라지고
넋 놓고 바라보았던 감성적인 비도
삭신을 울릴 뿐이다

두 달 치 혈압약을 받아 올 때는 늘 많다고 느꼈다가
다시 받으러 갈 땐 빨리도 지나친다

바쁘게 산 시간들
내일부터 아니 사나흘 닷새부터
아니 그믐날부터라도
비 오는 날엔 온돌에서 한가하게 뒹구는
베짱이가 되는 노력을 해야겠다

마늘

맛집에서 아줌마들의 이야기를 귀동냥으로
듣게 되었는데
하루에 한 줌씩 누룽밥에
마늘을 넣어 끓여 먹는다고 한다

단군신화에
뚝심 쎈 곰이 마늘을 먹고 인간이 되었다고 하니
그날부터 하루에 다섯 알씩
누룽밥에 마늘을 끓여 먹게 되었다
좀 더 바른 인간이 되었는지는 모르겠지만
혹 약자 앞에만 쎄지는 어른이 양아치들이나
학폭으로 영혼까지 파괴시키는
어린이 양아치들이 있으면
좀 더 늦어지기 전에 마늘 잔뜩 쳐드시고
곰이 인간이 되듯
인간이 인간으로 훈련되어
다 함께 아름다운 세빛을 만들자

무인도

빌딩과 인파의 도심 한복판
수많은 사람에 막혀
빠져나갈 수가 없었다
수많은 사람이 쏟아져 나왔지만
홀로만 서 있다
구명조끼를 입은 모습에도 본체만체
다들 그냥 바쁘게 가버린다
강한 파도에 밀려 다시 제자리에 있다

숨바꼭질

버스 안 모기 한 마리
차창에 납작하게 누워 있다가
예쁜 목 찾아 윙윙 따끔따끔
침 발라놓고 토껴버리고

버스 안 모기 한 마리
뒤뚱뒤뚱 빨간 배
윙윙 무거워진 날개
넋 놓고 창틀에 숨어 있다
탁 소리 피 터지게 얻어맞았네

버스 안 모기 한 마리
들켰다 들켰다 객사하셨네
따끔따끔 윙윙 멈춰버렸네

뻥

좌절이
너 왜 착한 애들 못살게 해
게네들 너 때문에 힘들어서
약 들고 다니잖아

너 인마
포기 너 말이야
게네들 네가 괴롭히니까
연탄 들고 다니잖아 자식아

그리고 두렴이
너 때문에 겁먹어서 시작도 못하고
맨날 내일로 미루잖아
너희들 돈 뜯고 목숨 뜯고
나쁜 짓들 좀 그만해라

너도 문제야
조금 힘들면 못한다 하고
눈물이나 흘리고
남 탓이나 하고
옛날에 잘 나갔다고 징징거리고
알지 알어 네 마음 다 알어

소망이하고 희망이한테 좀 배워라
늘 방긋 웃는 게 얼마나 이쁘니

그까짓 거

인정 없는 고통의 눈시울 흘리며
계단 꼭대기에 올라
하늘을 부여잡는 외마디소리
넌 다 받아 주어서 바다라지

피할 데 없는 자의 끝마침 기도는
이루지 못할 소원으로 남겨둔 채
악랄한 말종들을 피해 떨어진 나신은
바닷속으로 숨어 가라앉는다

짓밟은 자 악랄한 자 염치없는 자
부끄러워할 자 부끄럼 없고
이유 있는 자 이유 없고
슬퍼하는 자 분노할 힘 없이 원망하다

못 갖춘 자 남겨진 눈물은 분함으로 태우고

처연하리만큼 올려다본

가엾은 하늘의 외마디소리

넌 그러면 안 돼

왜 안 되는데

수치스러움에 분이 차고 죽고 싶을 때

일 미리씩이라도 조금 더 힘을 내봐

안간힘으로 계단을 내려와

생명의 숨 가쁜 소리를 들어봐봐

그까짓 거 거꾸로 읽으면 살자야

* 인터넷 - 넌 다 받아 주어서 바다라지

불량식품

예쁜 척해도 몰래 한 사랑
아름다운 척해도 그냥 둘만의 사랑
다 이해할 거 같아도 한심한 사랑
포장을 멋있게 해도 뒤로한 사랑
헤어지면 그리워도 그건 나쁜 사랑
불륜은 입에 사탕발림하는 개뿔인 사랑
사랑은… 사랑이란 말은
전혀 어울리지 않는 사랑

마!
바람피우지 마
그거 불량식품이야

소망

밤 빛깔의 낮

불 지핀 6월의 햇볕은

얼음골 가뭄으로 지쳐 있고

밤빛으로 햇살 품은 먼 먹 하늘

바람은 비 내음을 애를 쓰며 감춰놓는다

빙산의 빌딩 사이로 지전을 움켜쥔 웃음

들숨 크게 들이시고

잰걸음의 잿빛 지게꾼은 먹구름을 지고 간다

가끔씩 내리시는 비를 심어

단비로 자라게 해 자가용의 꿈을 간직하기를…

- 잔비 내리는 동대문시장

2017. 6. 8.

제2부
뜰

손꼽던 날들의 꽃잎은 봄비를 빨아들이며
아름다운 슬픔을 남긴 채 머뭇거린다

꽃말

한눈판 사이
참을성 없는 계절은 빗물에 다 사라지고
늦은 감 있는
한 꽃의 꽃잎마저 떨어져 세월을 따라갑니다
시간은 빠르다 빠르다 하였더니
아픔을 줘 멈춰 세우고
시간은 늦다 늦다 하였더니
기쁨을 줘 벌써 저만큼 가 있습니다
사람의 꽃말은 지지 않는 꽃입니다
수없이 겪은 계절 중 오늘이
희망을 간직한
지지 않는 꽃의 시작일입니다

풍경

둘이 걷는 줄 알았는데 한 사람이 사라졌다
강아지풀이 바람에 다툰다
수양버들은 바람 부는 데로 이정표가 되어 있고
걸음마는 노을을 등 뒤로 한 채 걷고
하늘은 비를 잠그고 언제가 울 줄
모르게 견디고 있다
해바라기는 내 등 뒤로 향하고
회상은 쉬엄쉬엄 걷는 걸음을 뒤로한 채
피하지 못한 갈래 길 사이로
희망이란 두 글자가 나를 뒤쫓아
넘어가려고 한다

버드나무

비 샌 우산을 접고
버드나무 아래에 함께 우연이었지
낯설어 멋쩍어하는 날 넌 빤히 쳐다봤어
외면하는 날 보며 넌 살짝 입술을 오므렸지
함께 있는 시간이 길어질수록 넌 나에게 말을 붙였어

야옹 아저씨도 흰털이 많네요
야옹 아 너두 축축해서 싫은가 보다
야옹 야옹 배고픈데 우리 말 많이 하지 말자
야옹 아 이제 비가 그쳤으니 잘 가라고
길고양이 너두 만수무강하렴
고양인 날 보고 난 하늘을 보고
하늘은 날 보고 비를 쏟았다
폭우에 고양이의 고독함도
인간의 근심도 멀리 달아났으면
사람들도 버드나무처럼 가지를 벌려
사람들을 아껴 서 있었으면

너구리

해맑은 날
타는 더위는 아니어도 그늘 속으로 숨게 하더니
우산 없이 걷게 하던 봄비 길
소풍 길 밤샘 설쳤던 새벽 비처럼
끊길 듯 이어져 울먹이게 만든다
먹장구름에 숨죽이던 너구리 한 마리
봄빛 하늘에
심술만 남겨둔 채 도망치고
서풍은 거세게 불어온다
쫄딱 젖어버렸다

홀로서기

그 길을 미루다 자정이 지나고
그 길은 걷고자 한 길이 아니요
그 길은 먼 길 도착도 안 할 안온한 길
하늘은 삐죽빼죽 여정을 그리며
찾아가는 서글픈 나방 한 마리 새 한 마리를
고즈넉이 품을 수 있을까
힘겨운 마음을 풀어놓은 그 길은 삶을 닮은 하늘이겠지
길섶 장맛비에 살포시 나타난 달개비와 질경이는
인연의 한을 숨기고
구름은 찢겨 알 수 없게 멀어지고, 흘러가고
마음은 자랐는데
외로움 한켠엔 그 길에 잇닿아
어느새 익숙해진 홀로서기뿐

억새

가버린 건 바람이지 함초롬히 서 있었어
흔들리는 건 내가 아냐 바람이었지
머리가 희어진 건 세월이지
뿌리는 올곧게 박혀 있었어
멈추려고 참은 건 눈물이지
희망은 끝까지 간직했어
부딪히며 쓸려 운 것도 바람이지
억새는 힘찬 노래를 불렀던 거야

기침

사랑이 죽었나 보다
노을이 피로 물든다
사랑이 숨을 못 쉬나 보다
서쪽 하늘이 핏빛으로 어울린다
이른 녘 사랑은 남루해지고
성난 기침도
노을 지는 산 그림자에 파묻히나 보다
남풍을 타고
새가 분주히 노을 쪼러 날아간다
노을은 변하는 거라고 겁 없이 흔들린다

* 고은 - 노을

천둥소리

바람이 가는 길엔 멈췄다 가고
구름이 가는 길엔 쉬었다 가고
나그네 가는 길엔 설움을 참았다 걷는다
멈춰서야 할 때 하지 못하고
어디로 흘러갈지 모르는
낯선 길을 잇속 없이 떠다니고
잊어야 할 걸 간직하는 건
잊을 수 있는 것에
더 생채기를 내고 싶은 것이지 않을까
진심은 얼굴 옆 모습에 남아
홀로 간직되어 있는데
비 머금은 하늘은 나그네 닮아
서러운 울보가 되어 먹장구름으로 요동친다

구절초

한 뼘씩 자라나는 해바라기 뒤로
태양이 떨어진다
모여 있던 새들은 길을 떠나고
다 커버린 소 한 마린 여물만 남겨둔 채
소리만 맴돈다
수양버들 늘어진 잎사귀 이마에 부딪혀
한 잎 힘겨운 생을 떨궜다
한 잎에 난 국화 꽃잎 한 뼘씩 돋아났지만
순서가 뒤범벅거리며
한 뼘씩 떨어진다

낙엽 (1)

빈 허공에 수 없는 욕망을 뿌렸다
바지 주머닌 찢겨져 있고
흔들리던 가지에서
눈살을 찌푸리던 새파란 나뭇잎
떨어져 바람에 굴린다
멀어지는 걸음을 잡지 않는다

할미꽃

할미도 여자인 기라
수줍어 고개 들지 못하고
바람 없이 흔들려 자시나 다가가니
기도했다고 떼쓰신다
아구창에 난 상처
이담에 개똥이하곤 놀지 말거레이
할미 손은 약손인 기라
할미 손은 약손인 기라
산비탈에 정겨운 맴
딱따구리 입방아로 사무치고
남은 개똥할맨 빈 하늘 하릴없이 홀쩍이신다

잠결

창문을 열어둔 채
쿠키와 커피를 손이 안 닿는 곳에 밀어 두고
스르르 입맞춤은 시작되었다
잔잔한 숨소리는 점점 커졌다 작아졌다
혹은 멈추었다 싶으면 다시 시작되는데
꽃잎을 태우는 바람이 나마저 애태운다
기다린 사랑
봄날의 숨소리가 오늘도 흥분시킨다
한 손에 든
읽던 시집이 잠결에 툭 하니 떨어졌다

산수유

널 보면 참 좋다
초록이 좋다고 하는 너보다
노란 웃음을 짓는 네가 더 좋다
깜짝 피어난 봄의 꽃만큼 편지를 썼다
답장은 얼어 있는데
마침표로 끝난 점 이야기
그리움은 사랑이 남기고 간 재일 뿐인데
그 색은 검은색일까 쉼표일까
산수유 핀 곳까지 가기 위해
봄은 겨울을 너무 사랑했다
나도 그만큼 좋아했다

입춘

물결이 뛰고
오리가 노닐고
언 바람에 떨던
마른 풀잎도 흔들린다
쥐락펴락한 겨울은 네 눈치를 살피다
심술을 부린다
시간은 덥혀진 해를 쳐다보고
잰걸음의 오리도 얼음이 풀려 느긋해진다
눈발이 날렸는데
그래도 봄이라고 우긴다
언 개나리가 살금 털어냈다
넌
마지막까지 시샘할
겨울 앓이 추위를 기다린다

심술

그제는

봄비가 따스함을 심어

풀섶 사이에 빛바랜 야생초들이

기지개를 잔뜩 피더니

오늘은 안간힘을 쓰며

찬 바람을 품어주던 늦비가

마중물을 남겨주고 이젠 가버리나 봅니다

성큼성큼 봄을 밝히더니

마른 낙엽 사이로 숨어버리고

새벽부터 오들오들 떤 새순들은

또 오실까? 또 오실까!

낙엽 틈바구니에 어깨를 늘어뜨리며

흘러가는 찬비를 외면합니다

진달래

창문 틈
꽃으로 잉태된 꽃잎의
이름표를 떼가는 비가 내린다

손꼽던 날들의 꽃잎은
봄비를 빨아들이며
아름다운 슬픔을 남긴 채 머뭇거린다

남은 꽃과 새로 핀 꽃과
남겨진 꽃잎마저 비에 흠뻑 젖는다

늙은 느티나무 더 오래 안골을 지키는데
새로 선 요양원
멀찍이 핀 진달래 이르게 떠난다

올 땐 개나리하고 같이 오더니
갈 땐 철쭉을 남겨두고 떠난다

거짓말 (2)

봄비가 내리는 날
다른 생각처럼 비바람이 거칠어진다
어둠이 낮으로 변해 천둥까지 내리칠 기세다
찬란한 날들을 꿈꾸며
꽃비를 기대했던 벚꽃이 죽어간다
찬란함을 심어 둔 가슴에 우울이 겹친다
새벽길 두꺼운 파카를 꺼내 입었다
이런 젠장 거짓말같이 맑아진 아침이다
파카를 던지고 우울이 걷힌다
부용천을 향해 힘차게 내딛는다

11월

가을이 내장산 너머로 달음질쳐도
마주한 수락산 도봉산 능선은
가을이 겨울을 꼭 안고 있다
따가운 해의 뒤안길 눈발의 길목
두꺼운 외투를 들고
가끔은 그늘에 서 있게 되는 11월은
눈부신 사계절을 담고 있다
따뜻한 온돌에서 창문을 열어
찬 바람을 맞을 수 있는
가을 속 겨울이 앙꼬처럼 들어가 있고
낮밤을 노니는 바람에
더 애절하게 물들어 가던 잎은
낙엽의 깊이에 쌓여 밑동을 덮어준다
11월의 나목
땅속의 뿌리는 점점 강해진다
거친 가지를 허공으로 사납게 세우고
세찬 겨울과 싸울 태세다

나무늘보

늦여름에 높아진 햇빛
더딘 석양이 찾아드는 저녁놀
가을 향한 바람이 드문드문 잎사귀도 홍조로
계절을 설레게 하고
늦가을에 반가운 손님 첫눈이 호들갑스럽다
늦겨울에 개나리의 꽃방정 햇볕에 내밀어
늦봄에 신록이 솟아나면 밤꽃 향마저 시샘하겠지

태양까지 녹일 용광로의 흙 위
먹구름이 비껴간 자리에
늦비가 마른 땅을 보듬어 준다
나무늘보의 걸음으로 가을바람이
성큼 다가온다

말라버린 입술
쪼개진 마음 조각

바빠서 생겨난 아픔

빨리빨리 하다 반복된 상처들

서둘다 생긴 쓰디쓴 멍에

열불 난 가슴에

우린 모두 다

늦게 느리게 여유를 가져

바다 같은 평안이 찾아오기를

첫눈

8월이 장마로 인해 싸늘해졌다고
가을이 아니듯
11월이 차다고 겨울은 아닐 거야
첫눈을 기다리는 건
가을에 찾아오는 이른 소식 때문이지 않을까
얼음 나무로 만드는 겨울이 도착하기 전에
서둘러 낙엽으로 뿌리를 덮어주렴
가을을 덮어버리는 늦가을 눈
새싹의 봄눈처럼 보다 아름답구나

플라타너스

흩날리기 시작하네
수북이 쌓인 황톳빛 넓은 낙엽
가로수 빗질하는 깊은 한숨처럼
가을은 숨결 쉬며 깊게 찾아온다
봄날 꽃가루의 심술이 있었고
장마의 과욕과
지치게 뿜어주던 열 덩어리의
여름날의 기억들은
다가올 찬 바람에 나목으로 떨구어 버리고
발꿈치에 밟혀 바삭바삭 깨무는
넓고 큰 플라타너스 이파리 소리가
초봄의 넓은 꿈을 간직한 채
낭만의 계절 앓이 숨을 토해낸다

붓

가을이 붓을 들었다
우선 높게 더 높게 하늘을 그리고
들녘을 황금으로 물들게 했다
형을 그리워하는 동생 테오를 그리고
은행나무에서 낙엽을 그렸다
빈센트를 그려 놓았더니
음악에 맞춰 내달리는 차들이
과거까지 원근감을 입혀주었다
가을 달빛이 반 고흐의 병실 유리창으로 스며들었다

낙엽 (2)

언제까지 매달려 붙어 있을 수 없었다
편하게 영양분을 받아
배운 대로 바람 부는 쪽으로
춤추며 살아갈 수 있지만
자유를 찾아 뒹굴고 싶었다
개골창에 빠져 길을 잃어도
막다른 골목에 막혀 있을지라도
아스팔트 위에 거칠게 짓이겨져도 맞서고 싶었다
바람이 세다고 불평하지 않을 것이다
찢겨도 한 뼘 한 뼘 더 걸어갈 것이다
한겨울 맨몸으로 버티는 밑동을 덮어
따스함을 나눠주며
짐승들의 이불이 되어주며
언 손으로 모닥불에
온기를 지피는 밑불로 쓰일 것이다
잎의 꿈은 냇물을 따라 바다로 항해하고 싶었다

제3부
다솜과 혜윰

냇물은 파도가 되어 등짝을 후려치는데
허공에 피웠던 꽃은 흘러 시림의 혼으로 맴돈다

우산 (2)

빗물 머금은 휘파람 불며
따뜻한 사람과 걷고 싶다
태양 가득 채웠던 빈 하늘
세찬 자드락 비 쏟아지면
깊은 산골로 가버린
나타샤와 첨벙첨벙 걷고 싶다
하늘 아래 고독을 삭일 수 없어
발자국을 함께 뗀 우산이 필요했다
남루한 몸 숨길 곳이 없어
떤 어깨 감싸줄 우산이 필요했다

살다 보면 귀찮아 놓고 내린 우산이 필요할 때가 있다

살다 보면 깜박 놓고 내린 우산이 필요할 때가 있다

귀찮아 놓고 내린 것이

깜박 놓고 내린 그대에게 따뜻함이 되듯

따뜻한 우산이 되어 이름 없는 해변가를 향해

나타샤와 첨벙첨벙 걷고 싶다

* 백석 - 나타샤

아쉬움

풀잎 속에 숨죽여 있는 그대여

저 먼 산 뒤로 미소 짓는 그대여

헤어짐이 끝인 줄 알았더니 그리움의 시작이었고

한숨인 줄 알았더니 길 찾는 꽃씨의 목마름이어라

매미 소리 요란한 사랑인 줄 알았더니

홀로 선 느티나무였고

아주 갈 낙화인 줄 알았더니

먼 곳 다시 와 흔드는 저 꽃이어라

바람이 흘러 하나로 합쳐질 날들이여

물결이 소리쳐 하나로 합쳐지길 바라는 기다림이여

하지만 그대와 슬픈 이야기를 담고 내리는 비는

정든 길을 두고 떠나가고

생각의 바람은 그리움의 아쉬움이어라

그리움은 참는 것

부는 바람을 잡으려 하지 않는 것

그대가 보고 싶어지면 점심으로 미뤄라

점심때 보고 싶거든 저녁으로 미뤄라

저녁때 보고 싶거든 아침으로 미뤄라

그래도 그리워지면 먼 그글피로 미뤄라

그리움은 참는 것

길을 내딛는 건

푸르른 열매가 시드는 것

그리움은 아파할 줄 아는 마음을 견디어야 하는 것

그대가 보고 싶어 한다는 생각을

야무지게 품지 않는 것

그리움은 간직하는 것

헤아릴 연습을 견디어야 하는 것

걸음마

아버지가 잡아준 손 아들이 잡아준다

봄 햇살이 다시 돋는 노란 꽃

산수유 핀 산 둘레길

뒤뚱거리며 힘겨운 발걸음에

나누는 담소는 유년의 이야길까

가뭇없는 먼 고향에 대한 추억일까

한 해 한 해는 길게 갔어도

언뜻 사오십 년은 짧은 길

첫걸음마로 시작한 길을 허옇게 흰 걸음마로

끝내야 하는 여정,

잡은 손길들을 흐뭇하게 보았다

꿈길

그리운 사람 있어

바람이 불어 숲속 가녀린 작은 나무

가닿지 않은 한솔 바람뿐

빗물에 흘러온 그리운 사람 있어

바람비 내려 검은 산 검기울어

지는 놀 찾아오지 않아도

먼 곳에 선 님 찾는 발길뿐

그리운 사람 있어

그립던 마음 행여나 찾아갈까

비 두드림에 남긴 헛그림자뿐

꿈길에 사라진 그리운 사람 있어

아차 눈 감아보면

암흑으로 다시 잃은 서운함뿐

멀미

스치듯 다가오는 바람이어도 좋다
스치듯 돌아서는 바람이어도 좋다
스치듯 마주치는 바람이어도 좋다
떠나갈 아픔까지 달래는 인연이어도 좋다
남기고 간 상처까지 도려내지 않는
우연이어도 좋다
쓴맛을 남기고 시치미를 뗀 바람이어도 좋다

그냥 소낙바람처럼
스치듯 생각나는 멀미이어도 좋다

기차

지금의 감정이 그립다 하여
죽어 있는 감정을 그립다 하지 말아야
녹슬고 멈춘 기차에 앉아
그땐 그랬었지를 생각하지 말아야
저기까지는 데려다 달라고
아우성에 애태우지 말아야
단 한 가지는 기다리는 지루함을
소망으로 간직해야

환절기

계절과 계절 사이에서 걸어가다
환절기를 만났다
다솜과 혜윰 사이에서 걷고 있다
필연인 체 둘러대는 우연을 만났다
갈매기가 물고 간 썰물 빠진 자리에
밀물이 들어온다
감정과 감정 사이에서 걷고 있다
재채기인지 감기인지 구별 안 되는
기침이 다가온다

돌아보세요

태양을 향해 찡그리는 당신
부릅뜬 눈으로 맞서지 마세요
다만 서산에 남겨진
노을을 여유롭게 바라보세요
계곡을 오르면서 높이에 지친 당신
한없이 남은 정상을 보고 한숨짓고
난감해하지 마세요
돌아서 걸어온 길을 바라보면
저만치 사라진 아득히 멀어진 길
벌써 이만치의 글고운 발걸음

낮달

낮달이 인기척도 없이 머물다 갑니다
흘리고 간 그리움을 찾으러 온 건지
독한 말 쏟으며 아닌 척
어깨를 들썩이던 그 말을 주우러 왔는지
별들도 뜨기 전 움츠리며 다녀갑니다

별똥별

떨어진 별을 주우러 가는
이야기를 들려줍니다
눈물이 모여 호수가 되었다고
이야기는 시작합니다
맺힌 눈물이 굳어
별이 되었다고 이야기는 마칩니다
사람 틈으로 숨죽인 뒷걸음질
별 틈 사이에서 찾아봅니다
무수한 저 별들 중 이별의 나락은
기다림의 멈춤으로 위로를 받아야 합니다
빛나는 눈으로 헤매다 넘지 못할 선을 그으며
별 한 방울 떨어집니다
슬픔은 눈물로 위로를 받는 것
참아내지 못한 별 한 잎
밤하늘, 새하얀 기다림을 도려내며
바다에 고인 눈물로 떠나갑니다

봄비

외롭다고 쓰고
그리움이라 읽었다
사랑이라 쓰고
아쉬움이라고 읽었다
오래전 기억이라 쓰고
먼 훗날에 행여나라고 읽는다
늦겨울이라 쓰고
벌써 봄이라고 읽는다
꽃샘추위라고 쓰고
아지랑이라고 읽는다
봄비라고 쓰고
설레임이라고 읽는다
사랑해라고 쓰고 사랑혜라고 읽는다
우산에 부딪힌 봄비들이 서로서로 소근댄다
그리고 흩어진 글들로 마음을 달랜다
비가 내린다고 썼고 시가 흐른다고 읽었다

비사람

좋아했던 마음은 아쉬움으로 남게 되고
사랑했었던 마음은 상처로 남게 된다면
좋아했던 대답들은 아쉬움보다는
상처 난 자리로 채워지게 되겠지
손그릇에 빗물을 담아
비를 굴려 비사람을 만들어 보지만
마주했던 손의 따뜻함에 비사람은 사라져 버리지
마음은 여름 겨울로 갈리고 이젠 넘나다닐 수는 없지만
겨울비는 차갑지 않다는데 덜 탄 연탄재를 굴려
닮던 비사람을 만들다 보면
언 손을 바지춤에 녹이게 되겠지

들꽃

한 번은 만나야 편한 자가 있고
한 번은 만나지 않아야
마음이 편해지는 자가 있겠지
우연히 한 번이라도 마주쳤으면 좋은 자와
설마 하며 싫은 자가 있겠지
추억이란 떠난 자의 즐거움이고
기억은 남은 자의 아픔이 아닐까
계절을 타고 한 점씩 꽃잎을 흩날리며
들꽃처럼 살려는 자와
밤나무숲에 아카시아 향이 날리는 어느 날까지
화분에 옮겨놓은 들꽃을 바라보며
꽃을 가지에 꼭 묶어두려는 자가 있겠지
그건 즐거움과 아픔의 차이가 아닐까

헤어짐

그대가 찾아왔네 헤어짐이 왔네
신음의 말소리 쓰게 뱉지 못했는데
그만 툭 던져놓고 떠나갔네
물밭에 써놓은 이름은 모래 속으로 사라지고
기억 속 벤치만 그 자리에 있네
촛대에 이는 물결은 은빛으로 부서져
눈부신 날처럼 반짝거리지만
철렁이는 파도는 남은 기억마저
세차게 때려 부서뜨리라 하네
그대가 떠나가네 이별이 왔네

외기러기

해변가 긴 끝을 향해 서녘을 향해 걷는다
먼발치 바다가 밀물의 띠로 들어와
발목을 잠기고 파도가 무릎까지 넘실거린다
고개 돌린 웃음에 해도 속아 넘어가
서산 뒤 그늘에 붉어지고
바다가 해변을 채워
모래언덕까지 넘치는 물결은
항상 머무르는 듯하지만
어느덧 암연한 바람에 묻혀
파도 소리도 잠재우고 신두리 썰물로 내뺀다
수평선 끝에 걸려 있는 거룻배의 물자취를 따라
외기러기 문득문득 다녀간다

편지

덜 타버린 심장의 냄새는
우연이 필연이 되지 못한 삶의 걸음 때문
어느 날 사라진 낡은 소리
핸폰을 만지작거려도
물었던 답장이 궁금하다
비 많이 오는 날이나
눈 억수 같은 날이나
어떤 햇살 좋은 날이 어떨까
아님 비 맑아진 날
무지개 건너는 곳에서
이해의 손을 내밀까
무심히 열어본 사라진 핸폰

시리다

꽃이 피면 몸 깊은 곳
빗장으로 가둬둔
저문 꽃잎의 시림이 찾아온다
꽃이 저물 땐 활짝 폈던 꽃의 날들이
별리의 시림으로 다가온다
냇물은 파도가 되어 등짝을 후려치는데
허공에 피웠던 꽃은 흘러 시림의 혼으로 맴돈다
열매로 익지 못한 저문 꽃잎은 시리다

초콜릿

그대여

삐딱한 나를

아주 부드럽게 녹여줄래요

아니어요 그렇게

거칠게 깨무는 게 아니어요

살 살 살 녹여주세요

은박지에 덮여

어둠 속에 익숙한 나를

아주 부드럽게 느껴보세요

사랑을 앓고 있는 연인에게

살짝 물려주세요

그대만의 향기는 짜릿하답니다

겨울비

몸에 꿀을 발라 벌이 되고
칠색의 향으로 맴도는 헤윰이
비가의 속삭임으로 고요에 스민다
남겨놓은 장소에서
그날을 찾게 만드는 여우 한 마리
지난밤도 몰래 다녀가 아픈 곳에
겨울비로 덧나게 하더니
맴을 할퀴고 가는 여우 한 마리

비 오면 쑤시는 팔다리에
아픈 데 또 때리면 얼마나 멍 자국이 커지는지
그댄 아마 모르나 보다

원추리

칠월 어느 날 도봉산

자귀나무 아래 벤치에 누웠습니다

얼굴을 툭툭 치는 서글픔이 빗방울로 찾아옵니다

양지 볕 마천루 꽃대 위

머언 꽃을 피웠던 원추리도

장맛비에 꽃잎을 닫습니다

꽉 다문 입술이 드센 혜윰을 삼키려나 봅니다

원추리의 사랑은 슬퍼집니다

한 몸이지만 잎과 꽃은 만날 수 없고

빗물의 무게에 잎은 더욱더 땅으로 처지고

하늘로 솟은 꽃대는 머얼리 꽃망울을 달고 있습니다

그대가 갖고 있다 버리고 간 잃어버린 사랑을

지금도 흔적으로 있습니다

거세지는 빗방울은 아스팔트를 바다로 만들어

슬픈 사랑을 놓고 갑니다

아픈 혜윰을 남겨놉니다

나흘간

나흘 전엔 집에 있었다 밤송이가 벌어져 있고
툭 하는 소리에 놀라 알밤이 또 떨어지고
가을바람이 현관문을 뚫고 들어왔다
아프지만 가을이 오신 걸 알았고
선선하다가 추워지는 것도 알았다
집을 나선 지 나흘이 지났다
통증을 줄이기 위해 하얀 선이 하나씩 늘다
세 개가 되더니 다리에 맥이 풀리면서
소변줄까지 늘었다
헝클어진 머리카락처럼
움직일 때마다 늘어난 선들이 질서 없이 꼬였다
놓아버린 정신줄에 이 줄 저 줄 만졌다
새끼처럼 꼬았다 하는 게 시간 보내는 일이다
한두 수저의 미음을 더 먹기 위해
애쓸 때마다 지치지 않는
마약의 양이 늘더니 점점 강해진다

닷새째를 향한 밤이 새벽 사이로 가고 있다
이성을 잃은 정신줄에 수면제도 늘고
나흘간의 행복을 위해 말기암의 링거 줄이 늘어난다
치료가 좋은 건지 그냥 집에서 아픈 채 구르는 게
좋은지 구별 안 되는 어둠이 새벽을 쫓아간다
엿새째도 이 밤이 지속될는지
찬 겨울이 닥치기 전 어느 날씨 고운 날 동생이 떠나간다

부용천

새벽녘 시작한 쉬었다 오가는 비무리로
밤 그늘은 종일 낮에 기대고
수락산 산기슭에 머물다 뒤처진 하얀 안개
구름인 양 달빛 길 찾아 하늘로 흘러가고
거먹 구름에 숨어
둥근달 껌벅이며 등지고 따라오다
개울물에 빗방울 보여 돌아보면 사라져 버린다
흐르는 개울 느림보로 따르면
사뿐히 물질하는 왜가리
익숙해질 만한 낯선 사람에
긴 목을 움츠렸다 성가시듯 날아가고
덩달아 제 발 저린 오리 한 쌍
꽥꽥 화를 내며 더 깊은 밤 찾아 속삭인다

미안해

다 담을 수 없던 말
주울 수 없는 말
전하지 못한 말
마지막 머뭇거리던 말

안녕

안녕, 또 보자
둘의 심장을 가진 한마디
봄날 햇살처럼
새벽 찬 바람 같은 한마디
뜀박질로 오던 발걸음
헤어짐의 발자국 소리
기쁨 속 슬픔을 간직한 한마디
이젠 그만. 안녕

깡다구

가난해도 담대하라
돈이 없어도 담대하라
몸이 약해도 담대하라
자신이 없어도 담대하라
힘이 없어도 담대하라
의지할 곳 없어도 담대하라
타인과 마주할 때 담대하라
타인과 대화할 때 담대하라

Epilogue

지천에 널려 있는 잡초
꽃이 피어야 그의 이름이 된다
열매를 맺어야 어떤 나무인 줄 알 수 있다
그댄 손과 발로 어떤 열매를 맺었나

향이 진하다고 이쁜 게 아니다
꽃이 이쁘다고 너까지 이쁜 건 아니다
십일홍 후 남겨진 잎과 줄기에
누구셨더라?
묻는 일이 없어야 그대의 인간미입니다